AF542789

L'HOMME D'ÉTAT.

L'HOMME D'ÉTAT,

PAR

ESCHASSÉRIAUX AINÉ,

TRIBUN.

Major rerum mihi nascitur ordo.
VIRG. AEn.

A PARIS,

Et se trouve

Chez { ANTOINE, Libraire, au bas du grand escalier du Palais du Tribunat;
Et DABIN, au bas de l'escalier de la Bibliothèque du même Palais.

MESSIDOR AN XI.

Le fond de cet écrit est tiré d'une note insérée dans mon *Tableau politique de l'Europe* que je publiai au mois de pluviose an 10 : cette note étoit destinée à être la matière d'un ouvrage plus étendu. J'y développois une suite de principes ; j'avois devant moi un grand but. Je me suis attaché à ce sujet, parce qu'il n'y a rien qui entraîne, élève l'esprit comme les choses qui, par leur nature, ont elles-même quelque grandeur.

Je n'ai point interrogé les annales d'une seule époque, d'un seul peuple, d'un seul pays; elles ont été indistinctement présentes à ma pensée : j'ai tâché de me placer à cette hauteur où l'on n'aperçoit ni les hommes, ni les passions, ni les circonstances particulières; je n'ai vu que mon sujet; je n'ai consulté que l'expérience et l'histoire, les plus irrécusables de toutes les autorités qui aient prononcé sur les événemens humains.

En présentant les diverses positions de la vie politique des nations, j'ai tiré quelques vérités de dessous les décombres des temps; j'ai retracé d'autres vérités dont nous avons eu nous-mêmes le tableau sous les yeux, et dont nous avons fait une trop cruelle épreuve. J'ai pensé que c'étoit servir l'humanité que de fixer devant les générations à venir les lumières qui avoient éclairé les générations qui ne sont plus, les erreurs qui avoient quelquefois égaré leur sagesse.

Montesquieu, dans ses pages immortelles, offrit aux yeux des peuples l'esprit de leurs lois, la nature de leurs gouvernemens, l'influence de leurs climats divers, l'origine et les rapports de leurs institutions.

Son génie hardi força l'histoire de lui révéler les secrets de la politique des nations.

J'ai osé tracer le mouvement général

des États, qui est en partie le résultat de ces lois, de la nature de ces gouvernemens, de ces institutions : et lorsqu'une révolution extraordinaire sous tous les rapports a mis en action autour d'elle tous les élémens de la législation et de la politique des peuples, cité devant elle le génie des hommes et des siècles, épuisé pendant le cours de dix années la durée des temps, donné au monde le spectacle de tant d'expériences et de changemens divers dans les choses humaines, j'ai pensé qu'il ne sera pas inutile peut-être de prononcer et de poser aussi les résultats de ces événemens mémorables.

Je sens combien cette tâche est au-dessus de mes forces ; mais je ne ferai qu'exposer ce que j'ai vu, ce que j'ai senti dans le période d'un des grands mouvemens qui ont agité le monde politique : ainsi, après un long et périlleux voyage, le navigateur, hors des mers, fait le tableau de ses découvertes, de ses dangers, des pays qu'il a parcourus, des observations qu'il a recueillies. J'aurai réussi dans ce dessein, si, en portant quelques esprits à des vues plus profondes que les miennes, j'ai contribué à étendre la sphère des idées politiques.

CONSIDÉRATIONS
GÉNÉRALES.

C'est un beau spectacle de voir, au premier aspect, des nations environnées de toutes les lumières et de tous les moyens de la civilisation, briller à la fois des richesses de l'industrie et des arts, déployer dans leurs desseins divers toute l'énergie et tout l'ascendant de la puissance, commander aux événemens, enchaîner la fortune, étendre quelquefois leur empire d'un hémisphère à l'autre, figurer sur le globe avec tout l'éclat de la gloire et du génie, et laisser après elles un grand nom dans l'histoire.

Mais quand on vient à pénétrer dans l'intérieur de ces nations, quand on examine les dangers et les vicissitudes qui accompagnent cet éclat, les guerres, les efforts, les sacrifices, par lesquels elles achètent cette grandeur, les ressorts que fait mouvoir leur politique pour la soutenir un moment, les systêmes divers sur lesquels chacune fonde sa puissance, la multitude de causes qui accélèrent ou précipitent leur élévation ou leur chute, les événemens et les fautes qui peuvent tromper leur prévoyance, renverser leurs projets et faire crouler en un instant l'édifice social : alors l'intérêt redouble, la pensée se fixe, et ne peut plus abandonner de si grands objets.

IDÉES PRÉLIMINAIRES.

Ici s'ouvre une carrière neuve encore; on voudroit avancer dans cette carrière, mais on est forcé de s'arrêter à chaque pas, d'approfondir, et de suivre une chaîne d'idées.

Tout dans ce monde est soumis à une grande cause, que la foiblesse de notre nature a voilée à nos regards, et qui dirige l'ordre général.

Mais pour l'homme d'État qui suit la marche des affaires humaines, tout se rattache dans l'ordre politique, à des circonstances, à des hommes, à des événemens, à des principes, d'où résulte le cours ordinaire des choses.

Ce sont de ces élémens que se composent, par des combinaisons diverses, l'existence et la situation politique des nations, leur force et leur grandeur, comme leur décadence et leur destruction.

Je développerai ces idées; je vais parler des divers peuples et des divers États.

PREMIÈRE PARTIE.

CHAPITRE PREMIER.

Des Nations maritimes.

La position physique des nations sur le globe n'est point l'ouvrage de leur choix ou de leur politique, elle est celui de la nature de leurs besoins et des révolutions : tout leur génie, leur prévoyance et leurs efforts roulent toujours sur les moyens de conserver, de perfectionner, d'agrandir leur existence. C'est de l'exercice de ces moyens que dépend leur destinée.

L'histoire navale, politique et commerciale des nations maritimes, est marquée par les mêmes traits, par les mêmes desseins, par les mêmes résultats.

Un peuple moderne a gravé chez lui, a consacré dans ses conseils cette maxime fameuse :

« Celui qui tient le sceptre des mers tient » le sceptre du monde. »

C'est pour cette maxime que l'ambition des anciens peuples maritimes et insulaires de la Méditerranée combattit pendant cinq siècles, troubla le repos de tant de peuples, ensanglanta tant de rivages !

Ce fut cette maxime, érigée en politique à la honte des autres nations, qui anima le courroux du premier Caton, et que la vengeance de Rome et la valeur de Scipion effacèrent dans l'abaissement de Carthage !

Une nation que la nature a placée au milieu des mers avec de grands moyens de territoire et d'industrie, aspire sans cesse à l'empire de cet élément ; sa puissance est dans ses forces navales ; son commerce envahit bientôt celui de l'univers : une pareille nation a des maximes d'État pour s'enrichir, comme des peuples antiques en ont eu pour commander. Sa marine, ses principes d'économie, sa législation, son ambition, son influence, son esprit national, tout est coordonné et dirigé vers un seul but, la suprématie commerciale. Porter la guerre sur le continent pour s'emparer des mers, peupler le monde d'établissemens et de conquêtes, rendre les autres nations tributaires de son industrie, et son territoire l'entrepôt des richesses industrielles ; acheter avec son or des alliances, et soudoyer des armées pour soutenir le colosse de sa puissance : voilà sa politique. Sa destinée est de s'élever ainsi, par tous les moyens de prospérité et de force, au dernier période de grandeur, jusqu'à ce que la corruption, ou des ennemis et des rivaux puissans, soulevés par les excès de son ambition, la forcent de làcher enfin l'immense proie de ses conquêtes, et imposent un frein à sa puissance. Telle fut l'ancienne rivale de Rome ; tel sera tout peuple maritime, élevé, par les causes que nous venons de décrire, à la domination des mers.

CHAPITRE II.

Des peuples continentaux et des États en général.

L'ambition des peuples continentaux n'est pas la même ; le développement comme les périodes de leur puissance sont subordonnés à des causes d'une autre nature. L'insulaire qui commande à la mer ne connoît de bornes que les rivages ; un peuple continental a pour barrières tous les peuples qui l'avoisinent, l'entourent, le pressent et l'arrêtent.

La fortune n'a donné qu'une seule fois à la terre le spectacle d'un peuple porté à l'Empire universel à travers les obstacles de la nature et les efforts du monde entier.

Il est des peuples qui, avec des ressources étendues, mais sans l'habileté qui sait les conduire, sont condamnés, par l'empire des choses, à une nullité éternelle.

Il en est d'autres qui, avec de foibles moyens,

mais par la force de leur génie et des événemens, vont rapidement à la grandeur.

Un État que la nature a circonscrit dans des limites étroites, que la défense de son existence politique a forcé de vaincre des ennemis nombreux et aguerris, triomphe bientôt de tout ce qui s'oppose à sa fortune. S'il arrivoit qu'il fût entouré de petites souverainetés, de peuples corrompus ou divisés, ces peuples et ces pays seroient un jour soumis à ses lois; il auroit des maximes d'État, un plan de domination. S'il arrivoit qu'il fût appelé médiateur dans quelques grands différens, il auroit bientôt conquis, par la supériorité de son intervention et l'habileté de sa politique, ce qu'il n'auroit pu gagner par les armes; il sentiroit le besoin d'avoir un grand système fédératif et militaire, une économie sévère dans ses revenus, des principes rigoureux de Gouvernement; il chercheroit à devenir une puissance maritime et continentale, à fonder des colonies, à agrandir sa prépondérance : s'il arrivoit qu'il eût à sa tête une suite de grands hommes d'État, sa grandeur iroit toujours croissant, jusqu'à ce que le renversement des principes qui auroient élevé ses destinées, les fautes de sa politique, la foiblesse ou le relâchement de son Gouvernement, ou les dangers d'une grandeur démesurée, l'eussent ramené, par la dissolution ou la conquête, au point de médiocrité d'où il étoit parti.

Une grande ambition marche toujours avec de puissans moyens.

Le premier pas d'un Empire qui arrive à la civilisation avec une grande population, est de sentir et mesurer ses forces; le second, de chercher de la prépondérance dans des alliances et dans de vastes desseins; le troisième, de signaler sa puissance par des établissemens et des conquêtes; le quatrième, enfin, est de rencontrer cette vérité éternelle, qu'il est des limites que ne peut dépasser un État, sans tomber dans un abîme de maux, écueil de l'ambition de tous les grands Empires.

Il y a eu dans l'antiquité, il y a dans le temps présent, des États qui semblent avoir été formés pour parcourir le cercle des chances de la fortune.

Les États qui ont une grande influence ne sont pas toujours ceux qu'on peut accuser d'ambition: lors même qu'ils se relèvent par cette influence qui n'est que le développement de leurs moyens divers, de territoire, de population, d'industrie, d'esprit national, ils ne font que reprendre leurs droits et leur place naturelle, que des fautes ou une foiblesse de politique leur avoient enlevés. Telle est aujourd'hui une grande République; elle a reconquis sa véritable puissance, elle doit la conserver pour son repos et pour celui du monde. Elle a constitué, autour d'elle et sur le reste du continent, la paix, l'équilibre, et le système politique des nations. Que peut-elle desirer aujourd'hui? La guerre et de nouvelles conquêtes? La guerre! Toute l'Europe a été témoin de sa modération et de ses efforts pour en faire cesser les malheurs et arrêter l'éclat d'une nouvelle rupture ; la postérité dira un jour quelle fut la magnanimité de sa politique.

La guerre ! elle ne se fait que pour dominer ou s'enrichir. Qu'auroit-elle besoin de dominer? trente millions d'hommes obéissent à ses lois. De s'enrichir ? elle possède le sol le plus industrieux et le plus riche de l'Europe. Les peuples qui ont la fécondité et la richesse du territoire ont déja donné la plus solide garantie de leur tranquillité et de leur respect pour l'indépendance des nations. Sa fortune de puissance et de gloire est faite. Elle s'arma pour être libre et pour sa sûreté : elle est libre ; elle n'a plus rien à craindre. Que peut-elle vouloir ? Cultiver en paix les fruits de son commerce et de son industrie, de sa liberté, de son indépendance, de ses lumières et de sa civilisation : voilà sa vraie grandeur, voilà sa destinée. Mais elle les perdra un jour, quand une insensée ambition la fera sortir de ses belles limites, quand la foiblesse entrera avec la corruption dans son gouvernement, quand le peuple aura oublié les grands principes qui lui ont fait faire sa révolution.

Il y a aujourd'hui trois sortes d'États en Europe : les uns qui tendent, par leur nature, à l'agrandissement ; ce sont les États progressifs : les autres qui en reviennent et ne sont occupés qu'à se défendre ou se garantir ; parmi ceux-ci sont les États stationnaires et rétrogrades : les autres sont ceux qui sont toujours restés froids spectateurs des événemens ; ces derniers sont presque toujours la solde de toutes les révolutions politiques.

J'ai parlé des grands États, parlons des petits.

Un État qui, dès sa naissance, marque par des traits de caractère et la force de ses institutions, qui a lutté avec succès contre l'adversité, est quelquefois plus à redouter qu'un État stationnaire et vieilli. Celui-ci parcourt le dernier période de sa durée. On ne peut prévoir où le premier peut aller, avec l'impulsion des obstacles, le génie de ses hommes d'État, la faveur des circonstances, et sa propre fortune.

Il n'y a dans ce moment en Europe aucun petit État qui signale les commencemens d'un grand Empire. La révolution qui a ébranlé le continent, a trop averti et puni les petits États de leur foiblesse, effrayé leur ambition : les grandes puissances, à leur égard, sont comme les dieux de l'Olympe qui se battent sur la tête des mortels.

De nouvelles Républiques viennent de prendre rang sur le globe ; elles naquirent soudain du courage et des lumières. Qui peut les élever à la célébrité ? Des siècles de vertu !

Un Empire qui a eu quelque éclat, et qui reste long-temps stationnaire au milieu du cours des révolutions politiques, annonce souvent qu'il a déja perdu les principes d'activité et de vie, qu'il a parcouru les derniers échelons de sa puissance. Il périra un jour, à moins qu'un événement extraordinaire, ou que quelque homme de génie, ne le rappelle à son principe.

Les grands États se soutiennent par la difficulté de les conquérir ; les petits, quelquefois, par la facilité à être conquis. De-là naît pour eux un principe conservateur ; c'est la jalousie des grandes Puissances : dès que cette jalousie cesse, l'ambition prend la place, un pacte ou une coalition commence, et le petit État est englouti ou démembré.

Le sort des petits États est d'être presque toujours, par la nature des choses, dans la dépendance des grands. Cette dépendance fait quelquefois leur sûreté. Marcher dans le système politique et les principes de ceux qui sont intéressés à leur conservation, c'est suivre le conseil d'une saine politique : leur indépendance devient alors l'échange et le prix d'une protection qui les garantit contre les dangers des ambitions étrangères.

Les petits États peuvent se consoler de n'avoir pas l'ambition de la puissance, parce qu'ils n'en ont pas l'inquiétude et les dangers ; ils peuvent se consoler par la pensée qu'ils ont été membres de grands Empires, et que le cours des révolutions des choses humaines doit un jour les ramener à leur place.

Certains États se soutiennent encore par le principe même qui sembleroit devoir les détruire, par l'ancienneté de leurs mœurs et de leurs institutions. Il est des préjugés qui commandent à la raison des peuples. Ce que le temps a consacré, arrête quelquefois le génie destructeur et des temps et des hommes.

Il est des États dont l'influence n'est point à craindre dans les chances de la fortune et dans les calculs de la politique ; ce sont les États fédératifs. Nés presque tous de l'oppression, ils semblent n'avoir de génie et d'ambition que pour se défendre et se maintenir, et point pour s'agrandir ; ils ont par leur nature une force d'inertie dans les grandes commotions qui ébranlent les continens, et sont presque toujours une barrière contre les guerres qui menacent de dévorer les États. Ils jouissent d'une assez longue durée, quand leur destinée ne les entraîne point dans les révolutions, ou ne les a point placés dans le voisinage des grands Empires. Les États fédératifs ont trois époques glorieuses : celle où ils secouent le joug de la tyrannie ; celle où ils se donnent une constitution ; celle où les citoyens s'arment pour défendre la liberté de leur patrie, et descendent pour elle dans la tombe de l'immortalité. Leurs révolutions ont présenté le plus beau spectacle que puisse contempler le philosophe sensible sur la terre. Des États modernes ont reproduit avec éclat le bel exemple qu'offrirent au monde les Républiques de la Grèce dans les beaux jours de leur gloire : l'époque honteuse des États fédératifs est celle où la corruption, la séduction ou l'intérêt, les livrent à un étranger puissant. Il n'y a guère que les États extrêmement vertueux qui puissent se garantir de ces dangers attachés à la nature de leur existence politique. J'ai dit que leur fortune, en général, étoit très-bornée. Il en est un qui attire depuis long-temps les regards de tous les amis de l'humanité, qui est appelé, par la nature et par ses institutions, à être un jour, dans une autre partie du monde, le siége d'un florissant Empire.

Heureux État que la Providence semble avoir placé sous des climats lointains, et séparé par l'immensité des mers, comme pour le sauver du choc des ambitions, des révolutions et des infortunes qui tourmentent les peuples policés de l'ancien continent, et pour les conserver comme un beau modèle aux peuples libres de la terre !

CHAPITRE III.

De la politique des peuples.

Tous les peuples, selon leur position, leur caractère, la forme de leur gouvernement, leurs alliances, leurs relations, leur grandeur territoriale, ont leur politique.

Si j'avois à parler de politique en général, je dirois que celle des petits Etats doit être la justice. . . . . celle des grands États. . . . . encore la justice.

La conscience des siècles a gravé un déshonneur immortel sur la tombe des peuples et des hommes d'État qui ont méconnu ce premier principe de la politique et du droit des gens.

CHAPITRE IV.

Des choses qui différencient les peuples, de celles qui influent sur leur existence.

Le caractère national et l'état plus ou moins avancé de civilisation différencient les peuples.

Les politiques ont signalé trois choses qui influent sur leur existence; le climat, le gouvernement, l'éducation nationale. Je compterai une autre cause extrêmement influante sur leur destinée; c'est l'action des guerres, des révolutions et des conquêtes.

Il n'est point d'État qui, dans un période de sa durée, n'ait subi une de ces trois choses attachées à la nature et à la marche des affaires humaines. Quand leur résultat n'est pas d'asservir ou de détruire les Empires, elles les régénèrent, les trempent et les fortifient.

CHAPITRE V.

Des guerres.

Un État qui a résisté à de longues guerres civiles devient terrible au-dehors; c'est Hercule accoutumé à vaincre.

Un peuple trempé dans les combats, longtemps victorieux, devient invincible, tant que le même esprit le conduit, qu'il marche sous la même discipline et combat pour la même cause.

Il n'y a point de peuple plus près de l'assujétissement qu'un peuple guerrier qui a perdu son caractère.

C'est leur position plutôt que leur génie qui fait les peuples guerriers.

Les guerres ont conservé, agrandi, enrichi quelques États; elles en ont détruit vingt autres.

A l'exception de quelques guerres qui ont eu pour objet de venger quelque injure nationale, presque toutes ont été entreprises pour se défendre ou pour s'agrandir.

L'instant où un peuple a pourvu à sa sûreté est ordinairement le terme de la guerre qu'il a soutenue pour sa défense.

Des provinces subjuguées, des peuples assujétis par la conquête, changent en un moment de domination, et restent, pour des siècles, soumis au vainqueur. Là s'arrêtent le droit de l'épée et l'ambition du conquérant.

Mais les plus longues et les plus cruelles de toutes les guerres sont celles qui ont été allumées par la cupidité; elles durent depuis les premiers établissemens des Européens: leur histoire est couverte de sang. Ce seroit un beau pacte en faveur de la nature humaine, un sublime article du droit des gens que celui qui mettroit les propriétés industrielles et commerciales des peuples sous la sauvegarde de toutes les nations. Ce desirable accord détruiroit le germe des trois quarts des guerres qui désolent l'Europe. L'intérêt général, la raison et l'humanité invoquent depuis long-temps cette belle transaction, qui consacreroit cette idée que le génie jéta il y a soixante ans dans le droit public, et que l'on pourroit appeler la morale de la guerre: *Que les diverses nations doivent se faire dans la paix le plus de bien, et dans la guerre le moins de mal qu'il est possible, sans nuire à leurs véritables intérêts.* Les annales modernes seroient peut-être moins fécondes en grands événemens: mais il y auroit plus de philanthropie dans la civilisation et moins de révolutions dans le système politique des nations.

CHAPITRE VI.

Des révolutions.

L'espèce humaine, a dit un écrivain de ce siècle, *n'est qu'une matière de fermentation et de révolutions.* Parmi les corps politiques qui comptent une longue existence, il en est peu qui n'aient été atteints par ces crises violentes, que le cours des événemens développent, et que des situations extraordinaires entraînent presque toujours.

Un État qui fait sa révolution par lui-même, la fait toujours avec éclat et avec succès. L'indépendance des grandes nations est dans leur volonté : souvent une seule nation a sauvé sa liberté d'une ligue générale.

L'État qui fait sa révolution par l'impulsion ou par la force d'un autre État, ne devient libre un moment que pour tomber dans l'anarchie, dans le despotisme, ou dans la dépendance étrangère, parce que la grande puissance révolutionnaire n'est pas dans lui, elle est hors de lui; parce qu'il ne peut avoir le génie d'une révolution qu'il n'a pas créée ; parce que les nations, pour être libres chez elles, ont besoin de l'être au dehors.

On a vu des États révolutionnés et renversés

par les révolutions mêmes qu'ils vouloient combattre ; d'autres profondément ébranlés.

Je vais étendre ce sujet.

Je ne parlerai point ici de ces révolutions qui sont l'ouvrage insensible du temps, d'une politique adroite, d'une suite d'établissemens qui changent lentement les institutions, les mœurs, les usages, l'esprit même d'une nation, et amènent peu à peu un autre ordre de choses : telle fut celle que commença dans le dix-septième siècle le génie d'un ministre célèbre, et qui a duré plus de deux siècles après lui ; mais de celles qui, provoquées par des événemens rapides, et accélérées par des incidens divers, décèlent par leur éclat, et une exécution subite, un plan concerté et prémédité : c'est ce caractère qui a marqué la plupart des grands événemens qui ont changé la face des Empires.

L'histoire a signalé sur-tout trois sortes de révolutions de ce genre.

La chute d'un despote, la punition ou la disgrace de ses favoris, l'élévation ou plutôt l'apparition de quelques hommes au pouvoir ; voilà une de ces révolutions qui agitent un moment le palais sans ébranler l'Empire, et sans porter aucun contre-coup au dehors. De nos jours un grand État du Nord a offert le spectacle d'une révolution semblable. L'Orient voit arriver chaque demi-siècle, dans ses grands États, ces révolutions qui ensanglantèrent les règnes des empereurs romains.

Il est des révolutions qui ne sont que l'ouvrage d'un jour, d'un moment, une époque, un fait marquant ; l'abolition ou la création d'un pouvoir, le changement d'une magistrature, l'expulsion d'un tyran, la victoire d'un parti sur un autre parti, une loi célèbre. Ces révolutions laissent à peine des traces profondes dans l'intérieur d'un peuple : telles furent celles que Rome antique vit arriver dans son sein, et dont l'influence, à l'exception de celle des Tarquins, ne s'étendit pas au-delà de ses murailles.

Les révolutions de cette nature, qui arrivent sur une vaste étendue de territoire, sur une masse immense de population, qui sont une lutte de l'esprit de liberté contre un régime arbitraire, d'une partie d'une nation contre l'autre ; des institutions, des idées et des nouveaux principes contre les vieilles habitudes, contre les anciennes institutions politiques ; qui se font contre les hommes et les choses ; qui renversent tout pour tout créer ; qui demandent des sacrifices à tous les intérêts, offrent des espérances à toutes les ambitions, des illusions et des vengeances à toutes les passions, une carrière libre à toutes les opinions, à tous les systèmes ; qui se lient à des rapports extérieurs : ces révolutions ne s'opèrent jamais sans produire de vives et profondes agitations dans l'intérieur et autour d'elles ; il n'est pas d'homme d'État, le plus profond en avenir, qui, placé à leur origine, puisse en pressentir ou prédire les chances, les résultats et la durée ; il n'est pas alors de Puissance sur la terre qui puisse leur dire: Vous vous arrêterez là, et vous ne dépasserez pas ce terme.

Il est rare que des révolutions de cette nature aient un cours régulier. Plus elles rencontrent d'obstacles à leur naissance, qui est l'époque de la ferveur de toutes les idées et de toutes les passions, plus elles triomphent de ces obstacles; leurs progrès s'accroissent des resistances; elles retombent de là dans un grand danger, l'exagération. Elles perdent ainsi dans de funestes aberrations l'esprit d'ordre et de sagesse qui les fit entreprendre.

Plus une révolution a dépassé le but et l'objet qu'elle devoit atteindre, plus elle rétrograde. Il arrive encore de-là un grand malheur, ce sont les réactions; elles veulent réparer de grands maux, elles exercent d'affreuses vengeances; elles veulent arrêter les désordres, elles déchirent de nouveau l'État; elles veulent punir les excès, elles tuent les principes et la liberté. Debout au milieu des partis en fureur, quelques sages alors veulent se faire entendre: la voix de la sagesse va se perdre dans le bruit des factions; ce qui avoit séduit d'abord beaucoup d'esprits, maintenant les décourage ou les effraie: c'est l'écueil de beaucoup de révolutions. Une pareille révolution a bientôt contre elle, et les fautes de ceux qui ont travaillé à la faire, et les injustices de ceux qui ont travaillé contre elle, et cet éternel parti de l'étranger qui se mêle dans toutes les révolutions pour les diriger ou les détruire: c'est-là le point où l'attendent les ennemis de toutes les grandes réformes, toutes les ames vieillies sous le joug, tous les partisans intéressés des tyrannies.

Dans une révolution, il faudroit enchaîner toutes les passions, excepté celle du bien public; cela est impossible: les diriger vers l'unique intérêt de la patrie, est encore un assez grand effort du génie, l'acte d'une haute vertu.

Le passage de la servitude à l'état de liberté est nécessairement très-orageux; mais il faut toujours en revenir par consulter et suivre la nature humaine.

Les peuples ne veulent pas de ce qui épouvante; ils veulent de ce qui charme.

C'est par des institutions douces que les anciens législateurs révolutionnèrent ou policèrent l'état barbare et la vie sauvage.

Révolutionner tout-à-coup des peuples vieillis et corrompus par des siècles d'habitudes, par leurs préjugés, par leurs lois même, les placer tout-à-coup dans un autre ordre de choses, c'est une entreprise hardie, c'est trop demander peut-être à un pareil état de société.

Ça été une illusion chère à bien des hommes vertueux, mais malheureuse dans ses résultats, que d'avoir tenté de reproduire, à une certaine époque, dans une de nos révolutions, chez un peuple moderne, dans nos climats, les mœurs simples, les institutions et les habitudes sociales de quelques peuples antiques, à côté d'un monde qui répand, depuis deux siècles, l'or sur notre continent; de Gouvernemens, qui pour leurs besoins même, le font circuler dans toutes les veines de l'État; de peuples qui en font leur jouissance. La durée de la position politique qui eût été l'ouvrage de ce système, eût été un miracle; il auroit fallu qu'un semblable État eût bientôt plié tous les autres à ses institutions, ou qu'il eût été sans cesse occupé lui-même à se défendre contre tous les dangers de la corruption et de la jalousie; il n'y a que des peuples isolés, ou à demi-civilisés, qui puissent concevoir et exécuter avec quelque espoir de succès un aussi beau dessein.

Tout s'use dans le monde; le temps des illusions n'est plus : il est rompu le talisman de ces institutions sublimes de l'antiquité, qui faisoient de leur fondateur une espèce de dieu tutélaire, qui conduisoient des peuples neufs avec leurs seules passions : la force et la durée des temps barbares qui nous séparent de ces âges fortunés, ont tout changé, détruit, ou corrompu. La vieillesse et le changement des choses commandent aux législateurs et aux chefs des Empires un nouvel art, une autre politique pour gouverner les nations modernes, pour maintenir leur liberté.

Les révolutions ne sont point à desirer pour les États; mais lorsqu'elles ont eu lieu, revenir sans cesse sur le passé, c'est perpétuer les malheurs des révolutions; la vengeance et l'aveugle esprit de parti veulent toujours y déterrer des crimes : l'homme sage doit y puiser des lumières; l'âge présent, y prendre ce qu'elles ont d'utile; l'avenir, y chercher un jour de grandes leçons. Les révolutions sont un combat où il y a toujours malheureusement beaucoup de blessés de part et d'autre ; il faut se hâter de fermer les blessures : elles doivent se terminer, comme toutes les grandes querelles des hommes, par le silence des passions, par l'oubli des torts, par la réparation des maux, et la réconciliation des partis.

Le plus grand des malheurs d'une révolution, c'est lorsqu'elle voit couler le sang de ses premiers fondateurs, qu'elle dégénère, et se résout en guerre civile : il n'y a plus alors de garantie pour la liberté publique. Je n'ose ici mesurer la profondeur des maux qui peuvent résulter d'un pareil état.

En général, et en matière de révolution surtout, l'éducation des peuples est une chose très-difficile à faire : rarement ils s'instruisent à l'école du passé ; les leçons de ce temps précieux sont presque toujours perdues pour eux ; ils semblent qu'ils veulent tous faire un nouvel essai de la nature humaine sans calculer les résultats de leurs efforts ; les grands exemples les séduisent, et ne les corrigent pas ; il n'y a que les événemens qu'ils ont éprouvés, les malheurs qu'ils ont subis, l'expérience qu'ils ont faite, qui arrêtent leur pensée, et éclairent leurs passions.

On seroit presque ici entraîné à un aveu, et cet aveu ne placera pas celui qui trace ces lignes au nombre de ceux qui n'ont pas aimé la révolution qui s'est opérée de nos jours, dans ce qu'elle a eu de grand : en pleurant sur ses malheurs l'histoire pourra-t-elle jamais oublier la justice de sa cause et ses triomphes?

C'est un beau devoir, c'est un effort magnanime pour des peuples de secouer le joug de l'oppression, de reconquérir leur ancienne liberté ! Le ciel applaudit à leur généreux courage.

Mais lorsqu'un État a une certaine allure, jouit d'une certaine liberté, d'un gouvernement modéré, n'a point à rougir de certains préjugés, à se plaindre de trop grands abus, il est préférable peut-être pour lui de rester tel qu'il est, que de tenter sur lui-même l'incertaine et presque toujours douloureuse entreprise d'une révolution qui, pour le porter au mieux, peut le jeter dans une suite de longues infortunes.

Je ne parle point ici d'une nation qui gémit sous la fatalité d'une tyrannie qui fait son malheur. Un peuple formé pour la tyrannie est un état, ou plutôt un grand crime, contre la nature, et contre le vœu de la société !

Il est de la nature des révolutions de se propager et de se répandre, sur-tout lorsqu'elles développent des germes que recèle le cœur des peuples, lorsqu'elles ont pour principe un sentiment fier et généreux.

On a dit d'une révolution, qu'elle devoit faire le tour du monde.... Oui, elle auroit éclairé une grande partie du monde, si elle avoit été conduite avec autant de génie que d'héroïsme, avec autant de sagesse que d'enthousiasme.

De quels biens encore, malgré ses fautes et ses infortunes, elle a laissé l'exemple !

Jetez vos regards vers le Nord, dans ces déserts, séjour de l'antique tyrannie féodale ; voyez ces hommes vendus naguère comme une vile propriété, rendus maintenant à la liberté, bénissant au sortir de leurs fers leur nouvel état et la main de leurs bienfaiteurs; ces institutions dignes des plus illustres Républiques ; le nom de patrie prononcé, entendu avec émotion dans ces climats, où jusqu'alors la voix seule et terrible des despotes s'étoit fait entendre.

Quel génie a donc pu inspirer aux maîtres du Nord ces grandes et généreuses pensées de l'humanité ! C'est en propageant de tels bienfaits, c'est en adoucissant le sort des nations, qu'une révolution qui a produit d'ailleurs tant de talens, un si beau dévouement, tant de héros, tant de dignité nationale, répondra un jour à l'histoire, et effacera dans l'avenir le souvenir de ses malheurs.

Je reviens.

Lorsqu'une révolution a produit tant d'ébranlemens et tant d'orages ; lorsqu'elle n'a pu atteindre toutes ses destinées, et toutes les espérances du bien qu'elle s'étoit promis, il ne reste plus aux peuples que l'exemple de leur prospérité intérieure et la sublimité de leurs institutions.

Toute la Grèce, dit un vieil historien, respectoit les lois de Sparte, toute la Grèce accouroit à ses fêtes, toute la Grèce vantoit son courage et sa vertu, envioit ses institutions; le Spartiate adoroit ses lois et sa patrie : voilà le plus bel exemple révolutionnaire que l'antiquité ait légué aux temps modernes.

Le peuple qui aura les meilleurs principes, les meilleures lois, les plus belles institutions, la plus grande somme de bonheur, donnera un jour cet exemple au monde.

Heureuses les révolutions qui s'inspirent par l'exemple et qui sont la création de tous les biens!

D'autres idées secondaires viennent étendre encore ce sujet.

Comme les métropoles sont le foyer de l'esprit national et ont la plus grande influence sur toutes les parties du même Empire, les grands Empires, par la grandeur et l'étendue de leurs diverses institutions, par leur mouvement, exercent une influence naturelle sur les petits États.

Il est une grande nation qui a toujours été un centre d'imitation et d'usages, d'esprit même pour toute l'Europe; c'est la nation française.

Cela explique comment une grande révolution a parcouru en ces derniers temps une partie de l'Europe; cela explique comment, à une autre époque, l'Europe, à son tour, s'est reproduite dans d'autres parties du monde, par l'influence de ses institutions, par ses lois, par ses mœurs, par ses religions.

Voilà l'histoire, les élémens, la marche, la chaîne des révolutions.

L'histoire de leurs causes est celle de tous les maux que l'ignorance, les vices des Gouvernemens, l'oppression ou l'ambition, ont fait subir à la nature humaine.

CHAPITRE VII.

Moyens d'éviter les révolutions.

Ces moyens sont dans un bon Gouvernement.

Un Gouvernement est bon quand il est constitué de manière que toutes les parties de son organisation et de sa politique reposent sur des principes immuables de justice et de liberté;

Quand l'autorité est forte, tutélaire et respectée;

Quand l'ordre, la probité et les lumières, résident dans tous les services publics;

Quand le citoyen est attaché par amour aux lois qu'il a consenties par ses représentans ou ses législateurs, et que la gloire et l'intérêt de tous les membres de la cité sont liés à la stabilité de la chose publique;

Quand les institutions de l'État sont dirigées

vers l'esprit public, contre la corruption, et puisées dans le caractère national, et que le génie du Gouvernement, toujours bienfaisant et réparateur, comme une seconde Providence, circule dans toutes les parties du corps politique ;

Quand enfin il n'y a plus de titre et de privilége que pour le talent et la vertu.

Alors ne craignez plus de révolutions dans un pareil État.

CHAPITRE VIII.

Des conquêtes, de leurs causes, et de leurs effets.

Je ne viens point parler ici en faveur des conquêtes : elles sont trop funestes à l'indépendance des nations ; trop de maux en accompagnent l'éclat ; je viens seulement dire quelque chose de leurs effets.

La plus grande des conquêtes qui soit arrivée dans le monde, est celle qui mit les peuples des Gaules et d'une partie de l'Asie aux pieds des Romains.

Elle est célèbre cette conquête, parce que tout ce que peuvent l'habileté de la politique, la science militaire, la valeur des conquérans, le courage même des vaincus, semble avoir été épuisé dans ce grand événement de l'antiquité; parce qu'aucun n'a eu des suites plus étendues sur l'état politique des peuples conquérans et des peuples conquis.

La passion seule de l'ambition, et la vengeance, ont ensanglanté et déshonoré des conquêtes que l'amour de la gloire et le génie de la liberté ont adoucies et illustrées.

Elle fut conduite par ce beau sentiment, par ce génie, cette nation, qui, attaquée dans son indépendance par une coalition formidable, alla porter sur le territoire de ses ennemis la conquête qu'ils avoient juré de faire de son territoire, et ne triompha d'eux que pour rendre à plusieurs la liberté qu'ils avoient tentée de lui ravir à elle-même.

Fier et invincible amour de l'indépendance, quelle supériorité! quelle belle destinée tu as réservée aux peuples que tu inspires! Je poursuis ce sujet.

Les conquêtes ont eu une influence profonde sur le sort des nations : elles ont créé tour-à-tour et détruit la civilisation.

Les conquêtes des Attila, des Tamerlan, des Gengiskan, des Mahomet, et des chefs qui conduisirent les invasions du cinquième siècle, ont livré l'univers à la barbarie, aux superstitions et à l'esclavage. L'histoire est soulevée par-tout contre ces destructeurs

Le génie de quelques conquérans a tiré vingt peuples de la servitude, créé, réformé et civilisé des nations. L'antiquité a pleuré la mort d'Alexandre, et a regretté que les capitaines qui héritèrent de son vaste Empire n'aient pas hérité de son génie, et n'aient eu de l'ambition que l'inquiétude et la foiblesse : les révolutions qui parcourent la terre n'eussent pas aussitôt plongé dans la barbarie les pays qu'il soumit à ses lois.

Les conquêtes du nord au midi ont détruit les lumières et les arts ; les conquêtes du midi au nord ont civilisé la terre.

Qui le croiroit ? les conquêtes ont produit quelquefois des effets contraires à leur nature même ! Elles ont détruit de profondes haines de nation à nation, éteint des guerres sanglantes. Cette fusion et cette incorporation du peuple conquérant avec le peuple conquis, ont communiqué les mœurs et les lois, et formé de grandes alliances qui ont mis le vaincu au niveau du vainqueur ; les conquêtes ont formé d'une foule de petits peuples occupés à s'entre-détruire, de vastes nations qui ont illustré la terre.

On s'est plaint des conquérans et des conquêtes : il n'y auroit point de conquérans, s'il n'y avoit pas de peuples corrompus ou divisés.

Heureux encore dans leur malheur même, les peuples conquis, quand le législateur ou le fondateur viennent réparer les maux du conquérant! Ce sont les plus douces des conquêtes, et la dette la plus sacrée à acquitter envers la nature humaine.

Je parlerois ici d'un homme en qui la nature semble avoir fait revivre le héros que je viens de citer, qui a aussi influé sur son siècle et sur une partie de la terre par des conquêtes et de grands changemens politiques. . . . , mais il est aujourd'hui devant la postérité.

CHAPITRE IX.

Des deux principes qui influent le plus sur les nations, et conséquence du chapitre précédent.

Deux choses exercent donc, et sur les peuples, et sur les affaires humaines, leur grande influence, et semblent se partager la terre comme un bon et un mauvais génie : ce sont les lumières et l'ignorance. L'ignorance traîne les peuples à l'esclavage ; les lumières les élèvent à la gloire et à la prospérité. L'établissement ou la prédominance des nations barbares est le signal de la ruine de toute idée libérale. La décadence ou la destruction d'une nation éclairée de toutes les lumières de la civilisation, est un malheur pour l'état social. Ce malheur est arrivé deux fois dans le monde. Les Romains et les Grecs, qui l'avoient civilisé, lui laissèrent, en périssant, vingt siècles de superstitions et de servitude. L'existence de ces deux peuples ne paroît plus, dans l'épaisse nuit de ces siècles, que comme une lumière qui luit sur des tombeaux. Il a fallu tout l'effort de l'esprit humain, et le bonheur d'une suite d'événemens qui ne peuvent arriver qu'une fois dans le monde, pour sortir de cet état déplorable.

CHAPITRE X.

De la tendance actuelle des choses.

L'âge présent n'a point à craindre ce malheur des temps de la barbarie : le règne des lumières est arrivé; l'autorité du temps actuel s'élève avec majesté pour tous les siècles à venir, et restera dans la mémoire des hommes comme une des grandes époques du monde civilisé ; on pourra combattre ou détruire quelques principes, défendre quelques erreurs, changer le cours de quelques idées ; l'imprimerie a étouffé dans le sein des siècles le germe des révolutions de l'ignorance : on ne pourra jamais détruire les progrès de l'esprit humain ; la civilisation générale s'avance ; l'opinion, l'intérêt et la gloire de chaque peuple, de chaque Gouvernement, l'amènent à grands pas ; tout Empire resté barbare tombera.

Qu'elle soit honorée, conservée à jamais, pour l'exemple du monde, cette belle pensée du Gouvernement d'une des nations les plus éclairées de l'Europe ; pensée que Domitien eût proscrite ou punie comme un crime, qu'Omar eût ensevelie sous des ruines, que l'on ne trouve point dans les codes de ceux qui ont asservi ou détruit des Empires, mais que toutes les Républiques doivent graver à la tête de leurs constitutions !

Il n'est point de bonheur sur la terre sans lumières ; sans les talens et les connoissances il n'y a d'égalité parmi les hommes que celle de la misère et de la servitude.

CHAPITRE XI.

Des grands événemens et des causes en général de la grandeur et de l'abaissement des nations.

Il est de grands événemens et des découvertes qui ont changé, à de longs intervalles, la face de l'univers. Ces changemens ont été et sont hors du pouvoir des hommes ; ils sont l'ouvrage irrésistible du temps, qui crée, détruit, régénère, modifie tout à son gré. Je ne parcourrai ici que les causes qui sont dans la puissance et la nature humaines, qui agissent dans tous les temps, dans tous les siècles, sur les destinées des nations, et qui peuvent éclairer les peuples et leurs législateurs. Parmi ces causes, il en est de morales et de physiques qui influent plus ou moins lentement sur les États, les élèvent ou les abaissent; il en est quelques-unes créées par la fortune : la plupart dépendent de la prudence et de l'habileté humaines.

On a vu des États périr ou tomber en pleine décadence pendant plusieurs siècles, par une faute en politique, par une entreprise au-dessus de leurs forces, par la destruction d'un grand établissement, ou l'abandon de leurs anciennes maximes.

D'autres ont été régénérés par le génie d'un grand homme, ou par une seule institution.

Des États se perdent par l'abus de leur force, d'autres par l'étendue de leur puissance, d'autres, parce qu'ils ne savent user ni de leur force, ni de leur puissance.

Créer un État est moins difficile que de le conduire. Il ne faut pour l'un que du courage; il faut, pour l'autre, toute la force du génie et la magnanimité de la vertu.

Les États ont leur principe de vie et de puissance : leurs constitutions ne sont que des pièces isolées dans l'ensemble, et ne peuvent leur garantir un demi-siècle d'existence, si le législateur, en les confiant à la durée du temps, ne sait leur imprimer cet esprit national qui est l'élément créateur et conservateur des sociétés politiques.

CHAPITRE XII.

De la position difficile des États.

Dans la vie politique des États, comme dans la vie humaine, il est des circonstances bien difficiles.

Ils sont dans une semblable position, ceux qui se trouvent dans la nécessité,

D'être conquérans, ou conquis;

De prendre un parti entre deux grandes Puissances belligérantes;

D'appeler dans leurs différens ou leurs affaires des étrangers trop puissans;

De devenir, par leur position, le théâtre de longues guerres:

Ou qui se trouvent placés dans la sphère d'un grand État qui fait sa révolution.

Après le peuple qui est forcé de renverser et de changer sa constitution, je ne vois rien de plus à plaindre que celui qui a le malheur de ne pouvoir se reposer sous aucune.

Le premier n'a plus d'indépendance, l'autre n'a plus de Gouvernement.

Il faut à de pareils peuples des chefs-d'œuvre

de politique, ou un rare bonheur pour sauver de ces crises et de ces dangers leur existence et leur liberté.

Il est quelques-unes de ces positions où l'inspiration des circonstances réussit presque toujours mieux que tous les efforts de la sagesse même et de la prévoyance humaine.

Il n'y a rien de plus difficile à un État qui est parvenu à un certain degré de fortune et de puissance, que de s'y tenir; le même principe qui l'y a conduit l'entraîne souvent au-delà. Son intérêt et toute sa politique doivent être de combattre tous les événemens qui tendent à le faire sortir de cette position. La véritable puissance se trouve dans la force tempérée : hors de là tout est écueil. Il est une gloire et une grandeur qui ne s'achètent quelquefois que par trop de malheurs : les illusions de l'ambition couvrent presque toujours des abîmes.

Les Empires ont des périodes d'activité et d'ambition. Cet exercice ou plutôt cet exaltation de leurs forces qui les place à un point d'élévation où ils semblent ne devoir jamais descendre, prépare presque toujours les causes qui doivent un jour amener leur abaissement; rarement les États ont beaucoup de périodes de cette nature.

Il n'y a point d'État plus près de la décadence que celui qui a forcé tous ses ressorts, et qui veut conserver sa domination par la violence.

Il n'y a point d'État plus sûr d'arriver à la

grandeur, que celui qui s'élève et s'affermit par degrés, qui sait mesurer tous ses moyens, ménager toutes ses ressources, ne demande rien à la fortune, ne tente le succès qu'après le succès, et n'a de confiance que dans ses propres forces, sa justice et son génie.

Un État sorti tout-à-coup de sa sphère ordinaire, et parvenu à un haut degré d'élévation, ne se conserve que par les mêmes moyens qu'il s'est élevé, par la vigueur et la sagesse de ses principes, par un grand esprit public, par l'énergie nationale, par le dévouement des citoyens pour leur pays. Otez ces moyens, il retombe sur lui-même, ou périt.

Jamais un État, jamais un peuple ne se montre plus grand que lorsqu'il est attaqué et menacé dans sa liberté et son indépendance; c'est un corps de nation qui se lève tout entier et terrible contre ses ennemis; l'intérêt de la sûreté générale a fait taire toutes les divisions de la cité. Les citoyens se changent en héros; l'amour de la liberté exalte toutes les ames; l'enthousiasme a fait disparoître tous les dangers; tous brûlent de s'immoler à la cause commune; ils sont devant leurs familles, et la postérité.

On a vu même de petits États sortir avec gloire d'une lutte qui sembloit devoir les engloutir.

La décadence de certains peuples date de l'époque où ils n'ont plus eu de dangers ni d'ennemis à craindre.

SECONDE PARTIE.

CHAPITRE PREMIER.

Des principes.

Voyez les États qui marchent sans principes et sans maximes, vous croiriez que c'est plutôt le hasard que la sagesse des hommes qui les conduit.

Aucun obstacle, aucun événement n'est prévu, aucun dessein mûri, aucune influence calculée, aucune affaire profondément méditée, aucun système de Gouvernement suivi; à l'exception de quelques succès passagers dus à la fortune, tout va se perdre dans l'imprévoyance et l'instabilité: ces États sont toujours à la veille d'un changement, d'une révolution ou d'une conquête.

Voyez un État bien administré : les bonnes maximes de gouvernement y deviennent héréditaires; sa pensée est toujours une, son but toujours fixe. Tout se correspond, se suit et s'exécute; aucun mouvement irrégulier; l'ordre découle de l'ordre, la force de la force; tout marche et rentre dans le même système, et le génie de la prévoyance a toujours, si je puis m'exprimer ainsi, une idée en avant, une ressource prête, une place vide pour les événemens qui peuvent survenir. Un État toujours ainsi administré n'est point soumis comme les autres, à la loi impérieuse de la décadence des empires.

Aucun peuple n'eut de meilleures maximes dans la paix comme dans la guerre, dans l'intérieur comme à l'extérieur, que les Romains : leur sagesse ne mouroit jamais; elle se trouvoit toujours à côté de la circonstance imprévue, de l'événement, du danger naissant. Il y avoit, dans le corps politique et dans l'esprit de chaque citoyen, un génie de tradition et d'amour des principes, qui élevoit la force et la puissance nationales, et la transmettoit ainsi d'un siècle à un autre. Les Grecs furent le jouet des révolutions et des événemens; ils eurent de belles institutions : ils eurent rarement des maximes fixes de gouvernement. Ce fût l'art, au contraire, qui dirigea chez les Romains toutes leurs révolutions vers la grandeur de la cité, et rendit ce peuple extraordinaire supérieur à tous ceux de l'univers alors connu : la perte de leur caractère national, leur décadence, furent l'époque de l'oubli de ces maximes.

Examinez un peuple : si les anciennes maximes ou les principes qui ont fait sa prospérité, y sont suivis, l'État est dans toute sa force; si on ne les retrouve plus, il penche vers sa chute.

S'il est une époque où les principes ont une grande autorité sur l'opinion et sur les affaires, et apparoissent dans tout leur éclat, c'est lorsque leur oubli ou leur violation ont entraîné de grands malheurs, et qu'il a fallu en subir encore pour les reconquérir.

L'infraction ou l'avilissement des principes sont le plus grand mal qui puisse arriver dans un État constitué; leur inviolabilité une fois détruite, il n'y a plus de bornes, plus de ralliement; l'État flotte emporté violemment dans l'anarchie; l'arbitraire même alors est appelé principe : il n'y a qu'une main puissante ou un événement extraordinaire qui puissent en arrêter la chute, et le faire rentrer dans son ordre politique.

« Chez les Romains, dit un savant publiciste, » il y avoit des circonstances où on jetoit un » voile sur la loi, comme on couvre quelquefois » les statues des dieux ». Malheur au peuple qui est forcé de recourir souvent à ces moyens extraordinaires! Pour sortir d'un danger, il lègue à ses successeurs un exemple bien funeste.

Il n'y a qu'un État bien fortement constitué qui puisse résister à une épreuve qui brise quelquefois du premier éclat un État foible.

Il ne faut pas conclure de-là qu'il n'y ait des circonstances rares, des positions, des événemens extraordinaires, qui forcent un peuple à changer ou modifier son organisation ou ses lois : mais lorsque son organisation est réglée, que ses rapports sont établis, que ses principes sont arrêtés, que le corps politique, en harmonie avec toutes ses parties, exécute le mouvement que le législateur lui a imprimé ; c'est alors, et dans ce sens, que tout est perdu, quand une main imprudente vient à toucher aux bases fondamentales, à l'ordre et aux principes qui constituent l'État.

Tout le pouvoir et le génie des hommes ne peuvent, en général, remplacer l'autorité sacrée des principes. Les hommes passent, les principes seuls demeurent ; ils sont la raison constituée des peuples et leur sauvegarde dans les grandes commotions de l'État. Cette maxime doit être l'ancre de toutes les républiques qui aspirent à l'éclat et à la durée.

Plus l'administration d'un État est vaste, plus ses grands intérêts sont multipliés, plus sa prospérité tient à la stabilité de sa constitution ; plus les principes des diverses parties de son organisation doivent être fixes, plus leur infraction porteroit de désordre dans son sein.

Chez les anciens peuples, une institution pouvoit être remplacée sans danger par une autre ; cette innovation ne troubloit point l'harmonie de l'État. On a vu de nos jours, dans le cours d'une grande révolution, un beau système prêt à s'écrouler par la violation des grands principes.

Plus les principes s'affoiblissent, plus la passion du bien public s'altère chez une nation ; plus les hommes qu'elle met à sa tête doivent être grands.

On a vu dans l'antiquité quelques peuples

encore grossiers, conduits par de vieilles erreurs et de grands préjugés. Les nations civilisées ne donnent leur confiance qu'aux principes et aux grandes lumières, ces deux élémens de toute liberté, de toute civilisation perfectionnée.

Les hommes érigèrent des temples à des dieux imaginaires, aux affections morales, aux objets de leurs craintes et de leur amour..... Il n'y auroit peut-être pas eu autant d'oppression, de révolutions et d'infortunes sur la terre, si les sociétés civilisées eussent fait des lumières et des principes l'objet de leur culte politique.

Gouvernans, législateurs, que leur emblème sacré soit placé et révéré dans vos conseils et dans vos assemblées, si vous voulez garder la liberté et l'indépendance.

CHAPITRE II.

Des hommes.

Certains hommes ont, dans les temps extraordinaires, une influence quelquefois plus forte que celle des principes : ce sont les hommes qui ont rendu de grands services à leur pays, les hommes doués d'un talent supérieur, ou d'une vertu éminente, les hommes persécutés, les hommes placés à la tête d'une opinion ou d'un parti dominant, j'allois dire les hommes qui, durant des temps ou des règnes affreux, furent la terreur des peuples..... Mais je leur aurois laissé l'influence du crime..... et heureusement le crime n'est pas une autorité sur la terre.

La nature qui a établi par-tout une juste compensation entre les choses, en a mis une aussi parmi les hommes : l'histoire compte et marque les tyrans; elle recueille, elle élève les noms qui furent chers au genre humain.

Parmi ces noms, parmi les hommes qui, par leur caractère, ont eu une mémorable influence sur leurs contemporains et sur les affaires humaines, pourrois-je vous oublier ici, vous dont tous les âges et toutes les annales ont célébré la bonté et la grandeur d'ame, vertus sublimes, toujours compagnes du génie, et sans lesquelles il n'y a pas d'homme véritablement grand!

Ah! que je regrette que la plupart de ceux qui ont paru à la tête des révolutions et des États, aient ignoré cet ascendant souverain sur l'ame des peuples, lorsqu'il se trouve placé au rang suprême dans les Républiques et les Empires!

Cherchez dans les siècles un Gouvernement plus révéré, un intervalle de temps mieux gouverné sur la terre, que celui des Trajan, des Adrien, des Marc-Aurèle et des Titus, vous n'en trouverez pas. Cherchez sous ces époques une conspiration, une sédition, un acte d'oppression ou de servitude : le calme et la liberté dans l'Empire, l'univers heureux, voilà le tableau que présente l'histoire de ces époques, enviées du vrai philosophe et de l'homme libre.

Que sont à côté de ces hommes les Tibère et les Louis XI? que sont à côté du sentiment sublime, des belles pensées qui les animèrent, les livres de Machiavel, et la science de tant de publicistes?

Pourquoi faut-il que l'art de gouverner les peuples ait été si long-temps celui de les tromper, ou de les conduire par la terreur? pourquoi faut-il que le système de tant de gouvernans, que la voix des âges accuse encore, ait presque toujours été de supposer les hommes méchans, pour les rendre esclaves ou malheureux, et que leur fatal génie ait apparu sur la terre, comme les dieux de la mythologie, toujours armés de la foudre?

Le plus doux des rapports qui puissent exister entre les chefs et les peuples n'est-il pas celui de la confiance et de la bonté?

En parlant d'Antonin, Montesquieu s'exprime ainsi : *Il fut un de ces êtres les plus propres à honorer la nature humaine, et à représenter la divine......* Voilà les hommes, dans tous les États, dignes de gouverner leurs semblables.

Il est des hommes rares que la nature semble avoir formés pour devancer les siècles, dont le génie, comme une vive lumière qui brille au loin dans l'avenir, éclaire et trace la route des contemporains et des générations futures, dévoile aux nations leurs devoirs, leurs erreurs, la cause de leurs maux, les grands intérêts de l'humanité; leur révèle les dangers, les obstacles, les événemens, avec les biens divers que recèle le temps; prépare et dirige l'opinion. Les peuples obéissent, sans le savoir, à leur génie. Ces êtres privilégiés sont les pères de la civilisation, et les premiers maîtres du monde sur la terre.

La nature a créé les grands hommes, mais ce sont presque toujours les circonstances qui les produisent. Ignorés long-temps de leur pays et et d'eux-mêmes, ils sortent quelquefois tout-à-coup de la foule pour se montrer supérieurs à leurs contemporains; électriser dans un instant toute une nation par leurs lumières et leur courage, l'élever au-dessus de ses dangers, lui imprimer toute l'énergie des passions et des idées utiles à la patrie, lui ouvrir dans l'avenir de hautes destinées. Voilà l'ouvrage de ces hommes qui semblent être nés pour les grandes scènes du monde politique.

Non moins grands, on a vu d'autres hommes dans des républiques, avec la seule dictature du talent et de la vertu, et investis, comme les Solon ou les Fabius, du pouvoir par la confiance, rallier presque soudain l'État à eux, arrêter une guerre civile, calmer la cité, rendre l'empire aux lois, la force aux institutions, rappeler le corps politique à ses principes, à sa gloire, relever et régénérer la chose publique en péril.

Ces hommes extraordinaires ont souvent empêché ou retardé la chute des États: mais tel est le grand dessein de la nature qui les forma; ils ne paroissent que de temps en temps; ils ne se succèdent pas; la gloire et le bonheur de leur siècle descendent quelquefois avec eux dans le même tombeau.

Je voudrois peindre un homme, et le peindre tel qu'il se présente à moi : c'est celui qui voit en philosophe sensible et en homme d'état les fautes et les malheurs des peuples, et cherche à en détruire les causes, et à en conjurer le retour; il fonde la liberté de son pays, et prépare les événemens qui doivent en assurer un jour la prospérité et le repos. Pour lui, l'intérêt n'est rien; l'humanité est tout. Ses sentimens sont des affections publiques; son ambition et sa gloire sont le bonheur de ses semblables.

Il est inébranlable dans ses desseins et dans les dangers. Sur les champs de bataille, à la tribune, dans les conseils, au rang suprême, dans ses écrits, il porte par-tout la patrie dans son cœur; il la défend; il l'éclaire; il se sacrifie pour elle : modeste et grand, il voit audessous de lui la vile intrigue et les passions vulgaires. Il ne veut de récompense que le bien qu'il a fait; mais il vit déja dans la postérité! et la postérité doit voir et chérir un jour en lui le modèle des citoyens et le bienfaiteur de l'humanité : tels ont paru dans l'antiquité quelques-uns de ces hommes dont l'histoire s'est plue à nous conserver les traits au milieu de la destruction des âges.

Je viens de parler de l'influence des hommes sur les choses; il faudroit traiter aussi de l'empire des choses sur les hommes.

Il faudroit montrer ici un législateur ou un fondateur paisible, disposant à son gré des circonstances, des moyens et des temps, en instituant des peuples neufs, ou réformant des peuples déja civilisés, heureux d'avance du succès de son ouvrage:

Et le même homme, dans une autre carrière, pressé par les circonstances, irrité par les obstacles, forcé de se mesurer sans cesse avec les résistances, de créer ses moyens, de régénérer au milieu de la corruption, de consolider au milieu des orages; il faudroit parler des hommes dans les temps ordinaires, et des hommes en révolution, de l'influence de leur caractère, de leurs passions sur les événemens, juger enfin les temps et les hommes : ce sujet est trop vaste pour être resserré dans cet écrit.

Ici trouveroit sa place naturelle une des choses qui ont eu le plus d'influence sur les hommes, et qui ont changé quelquefois la situation d'une partie du monde, l'intérêt. Législateurs, l'art de tourner vers le bonheur commun cette grande passion du genre humain qui crée et fait mouvoir tant de choses, est le chef-d'œuvre de vos institutions. De ce sentiment si stérile, quand il est abandonné à lui-même, mais si fécond quand il est dirigé par le génie, peuvent sortir les plus beaux actes de l'héroïsme et de la plus haute vertu. Lorsqu'il conquéroit et civilisoit les peuples de l'Asie, un héros de l'antiquité s'écrioit sans cesse : *O Athéniens! combien il m'en coûte pour être loué par vous!* C'est ainsi que le vainqueur des Perses et le fondateur d'Alexandrie élevoit jusqu'à la gloire et aux prodiges du génie la plus vile des passions vulgaires; c'est ainsi que, par toutes ses institutions, le législateur de Sparte l'appeloit, la confondoit sans cesse dans l'amour et l'intérêt de la patrie.

CHAPITRE III.

Des institutions.

Il y avoit, dans presque toutes les républiques de la Grèce, des monumens publics, sur lesquels les peuples de cette contrée fameuse gravoient leurs belles actions, leurs faits mémorables, leurs époques célèbres.

Interrogez leurs institutions, elles vous en apprendront bien plus sur ces peuples que tous les monumens et les inscriptions; tant les institutions portent l'empreinte du caractère, du génie, du pays des peuples qui les établirent.

Les bonnes institutions sont le chef-d'œuvre du génie et le bienfait de la civilisation.

Il y a eu plus d'institutions imparfaites que de bonnes institutions sur la terre.

Les vices des institutions attestent, la plupart, une faute dans le plan du législateur, les obstacles ou l'altération des temps, quelquefois un changement survenu dans l'esprit ou la situation du peuple, et souvent que le peuple pour qui elles ont été faites n'étoit pas mûr encore pour les recevoir.

Quand une institution est une des bases fondamentales, ou la clef de la voûte d'un grand édifice, et qu'elle n'est point un danger pour la liberté de l'État; il est quelquefois d'une politique plus profonde de la conserver avec ses imperfections, que de courir la chance de renverser l'édifice, en voulant la changer ou la détruire.

De grands peuples ont vécu long-temps et glorieux avec des institutions dont ils n'ont osé corriger les défauts.

La providence a placé à un degré trop élevé la perfection sociale, pour qu'un législateur puisse espérer de la faire descendre à son gré dans ses établissemens.

On ne sait ce que l'on doit admirer le plus ou de la flexibilité de la nature humaine, ou du despotisme des habitudes; de mauvaises institutions ont duré quelquefois plus que de bonnes institutions. Il a fallu souvent toutes les lumières et la force de l'intérêt des peuples pour les porter à un meilleur état social.

On a demandé long-temps quelle étoit l'époque la plus favorable pour instituer un peuple; toutes les observations sur la nature humaine répondent:

Si vous trouvez un peuple neuf encore, fondez vos institutions : ce sont ses vertus que vous instituez, et ses vices ne pourront altérer de long-temps l'esprit et la vigueur de vos lois.

Si vous trouvez un peuple tout-à-fait corrompu, fondez vos institutions; il ne peut plus supporter un état qui fait son malheur.

Un peuple est-il à demi-civilisé, donnez-lui des lumières; il choisira de lui-même le moment de se donner de bonnes institutions.

Les mauvaises institutions ont produit bien des maux sur la terre ; celles dont les passions ont abusé, ont été bien plus funestes à l'humanité.

L'instant où une institution commence à se corrompre ou à devenir dangereuse, est celui où le législateur doit se hâter de la rappeler à sa pureté primitive, de la changer ou de la détruire.

Si vous apercevez de mauvaises institutions chez un peuple, arrêtez-vous là; n'allez pas chercher ses vertus.

Si vous y voyez, au contraire, briller beaucoup de vertus, rendez hommage à la bonté de ses institutions.

En général, quand vous trouverez beaucoup d'institutions chez une nation, n'ayez point à craindre les excès du pouvoir ; c'est un signe certain de la liberté du corps politique.

Les plus fortes de toutes les institutions qui

ont régi les divers peuples sont celles qui ont conservé l'amour pour leur fondateur, l'empire sur les affections publiques, le respect des âges, et subi l'épreuve des événemens; j'ajouterois celles dont les peuples ont joui dans leur jeunesse, et formé leurs habitudes sociales.

Les institutions qui ont eu le plus de durée et les plus beaux résultats, ce sont encore les institutions qui ont eu le plus d'accord avec les passions généreuses et avec le génie particulier de chaque peuple; bases éternelles, sur lesquelles les législateurs doivent asseoir leur ouvrage.

Toutes les institutions ne sont pas l'ouvrage du fondateur; il en est qui naissent et sortent de la position physique et morale du peuple; elles s'éteignent, changent ou se conservent avec la position et les mœurs qui les ont créées.

Chose admirable! et c'est ici qu'il faut encore observer le sort des choses humaines: de grandes et belles institutions ont pris leur origine dans des cabanes, dans des camps, dans l'enceinte d'une petite cité, et ont fini, en suivant les progrès de la civilisation, par régir de grandes nations, après avoir conduit un peuple naissant; tant tout ce qui vient de la nature a de force et d'influence sur les hommes.

Il faut le dire ici avec regret, les plus admirables institutions passent sur la terre, parce qu'elles ne conviennent qu'à une certaine époque, à un certain peuple, à un seul pays; mais elles ont rempli leur but; elles ont servi, anobli l'humanité; mais elles ne sont pas perdues : ce qu'elles ont en de sublime, ce qu'elles ont laissé de bienfaits, reste encore pour l'exemple des peuples et des législateurs.

Je pourrois parler ici des diverses institutions religieuses, celles de toutes qui ont eu le plus de pouvoir sur l'esprit humain, et qui ont laissé le plus de traces dans les générations; il faudroit approfondir et suivre l'influence des religions sur les autres institutions politiques.... Mais, à ce mot sacré, je m'arrête..... Gardons-nous de mêler à notre sujet des idées si élevées; gardons-nous d'oser pénétrer dans les décrets du Ciel.... laissons au cœur de l'homme, le plus cher, le seul inviolable asile qu'il ait sur la terre.

Je ne dirai plus qu'un mot sur ce sujet : les anciens parloient peu de leurs institutions; ils les créoient, ils les suivoient avec amour; c'étoit-là leur besoin, leur grande puissance morale, c'étoit encore, si je puis parler ainsi, la magie de leurs gouvernemens; leurs lois coercitives étoient rares.

Chez des peuples modernes on a écrit une multitude de livres sur ce grave sujet, de beaux discours en ont retenti...... Les modernes ont-ils imité les anciens?

CHAPITRE IV.

De la supériorité de quelques peuples.

Cette supériorité que la nature a donnée à certains hommes, elle l'a assignée aussi à quelques nations.

Les peuples les plus forts sur la terre, et qui peuvent impunément lever la tête au milieu des orages politiques, ce sont ceux qui font dépendre leur liberté civile et leur indépendance, non d'un traité, d'une alliance ou d'une influence étrangère, mais de la force de leurs institutions; avant de périr par la corruption ou sous le poids des temps, ces peuples ont bravé vingt fois la hache des conquérans. Les institutions sont, pour ainsi parler, les rochers de l'état de civilisation.

Il est une autre sorte de supériorité ou d'ascendant que l'opinion et la justice ont réservée à certains peuples sur les autres peuples, à certains États sur d'autres États. Cet ascendant, ce n'est point la puissance et la force, la grandeur territoriale, ni l'art de la politique, qui l'ont créé et qui le donnent; c'est la vertu, c'est le sentiment des belles choses; il ne dépend point des temps, des préjugés des hommes, des vicissitudes de la fortune : les trois cents Spartiates s'immolant pour la patrie, aux Thermopyles, sous leur chef Léonidas; les Français courant arracher la victoire à l'ennemi sous les batteries de Jemmapes, escaladant avec leurs canons la cime des Alpes, franchissant des abîmes pour aller vaincre à Marengo cent mille Autrichiens défendus par plus de cinq cents bouches à feu; ces représentans du peuple choisis pour une mission paisible, bravant la mort au milieu des échafauds et des factions, marchant à l'ennemi à la tête des colonnes nationales, ce dévouement sublime de tant de citoyens dans les dangers de leur pays, ont subjugué à jamais l'admiration des âges, et resteront parmi les peuples, comme un éternel monument de vertu, et une preuve éclatante que les belles actions appartiennent particulièrement aux peuples libres.

La patrie des Régulus, des Guillaume Tell, des Barnewelt, des Wasingthon, vivra à jamais dans la mémoire et dans le respect des nations.

Quelques peuples de l'antiquité brilleroient-ils aujourd'hui de tant de gloire, et auroient-ils à nos yeux une grandeur aussi colossale, s'ils n'avoient offert au monde tant d'exemples d'héroïsme et de vertu?

CHAPITRE V.

De l'état et du génie des peuples en général.

De tous les peuples que l'histoire nous montre, les uns sont conduits par des mœurs et des usages, les autres par des lois positives, les autres par la force : parmi les premiers sont les peuples vertueux ; parmi les autres, les peuples éclairés ; parmi les derniers, les peuples corrompus ou barbares : ceux-ci sont les plus malheureux de tous ; ils n'ont ni liberté ni vertu ; ils ne peuvent avoir de civilisation : c'est l'état le plus dépravé de la société humaine. Des esclaves, un despote et tous les vices de la servitude, voilà ce qui compose le corps politique.

Le génie et l'esprit de certaines nations les ont souvent fait ce qu'elles sont. La position physique et morale de quelques peuples leur commande presque toujours ce qu'ils doivent être.

Les nations agricoles sont plus paisibles, parce qu'elles se reposent sur leur propriété.

Les nations insulaires ou maritimes sont plus turbulentes, parce que la base de leur existence politique et de leur prospérité est plus incertaine.

Les nations pauvres et habitant des pays incultes sont plus conquérantes, parce qu'elles veulent avoir la fécondité du sol et les richesses dont elles ne jouissent pas.

Les nations conduites par un fanatisme religieux sont plus destructrices, parce qu'elles veulent tout soumettre à une croyance qu'elles croient la seule inspirée, et que c'est l'ambition qui prononce presque toujours ces mots terribles : *Croyez et obéissez.*

Examinez la position des nations; vous saurez une partie de leur histoire, qui est celle des grandes révolutions du monde.

CHAPITRE VI.

Du changement de l'esprit des nations.

L'esprit des nations se change de trois manières, par la conquête, par les révolutions et les institutions, par l'incorporation, qui est le plus doux des changemens politiques.

CHAPITRE VII.

De quelques causes particulières qui agissent sur les nations.

Il y a eu un fléau en politique dans les événemens qui agitent l'Europe depuis trois cents ans; ce sont les rivalités des grandes Puissances. Les coalitions et les ligues ont soulevé bien des tempêtes, et produit bien des déchiremens; mais elles ont été des maux passagers. Les Puissances rivales ont ensanglanté le continent par leurs armes, l'ont brouillé par leur politique. En enchaînant les peuples et les États à leur ambition, à leurs querelles, elles les ont précipités vingt fois sur le champ de bataille; vingt fois elles ont joué leur destinée au hasard; la terre et la mer ont été tour à tour le théâtre de leurs divisions; une puissance, une nation a succédé à une autre dans ce jeu terrible: c'est d'une île de l'Océan que sont parties, depuis un siècle, toutes les idées de domination qui ont reproduit et développé ces éternelles rivalités. Cet état malheureux n'a pu exister que dans l'absence de tout système reconnu de droit public, le frein des sociétés civilisées vivant entre elles.

L'absence des règles constantes de droit public parmi les Puissances amène les variations de l'opinion; les variations de l'opinion, celles de la politique; celles de la politique, la guerre, qui brise les constitutions et les États.

CHAPITRE VIII.

État des nations de l'antiquité.

Les nations de l'antiquité, séparées les unes des autres par les lieux et les institutions, dont l'existence étoit fondée sur la guerre, ne connoissoient entre elles que des maximes atroces de droit des gens et de politique; maîtresses chacune sur leur continent, elles se combattoient des trois parties du monde alors connu, avec tout l'acharnement des nations sauvages; elles ne cessoient de se combattre et de se détruire: *Malheur aux vaincus!* étoit leur fatale devise. Le temple de Janus n'étoit fermé que lorsque tout étoit vaincu ou dans les fers. Cela n'est pas étonnant; elles n'avoient aucun moyen de s'entendre, et d'adoucir cette horrible position.

CHAPITRE IX.

État des peuples modernes.

Ce qu'il y a de plus extraordinaire au premier aspect, c'est que des nations dont l'existence est fondée sur les arts et la paisible industrie, presque toutes avec les mêmes mœurs, les mêmes religions, les mêmes intérêts de sûreté, de prospérité et d'indépendance, se fassent la guerre comme des barbares, et qu'elles soient placées entre elles dans l'état de nature, habitant le territoire du monde le plus avancé en civilisation.

CHAPITRE X.

Nécessité d'un pacte entre les peuples.

Une idée fait frémir l'humanité ; il n'y a pas un État, un territoire, une colonie, un point important sur le globe, qui n'aient été l'objet d'une guerre et d'une perte immense d'hommes, parce qu'il n'y a jamais eu de pacte de garantie et de sûreté entre les Puissances qui commandent la paix et la guerre, et président aux grandes révolutions politiques.

Au milieu de cette lutte continuelle de peuple à peuple, de cette succession d'événemens et de révolutions dont j'ai tracé les causes, et qui font de l'Europe un état de convulsion où l'on aperçoit à peine quelques périodes de paix, il n'y aura de paix et d'union parmi les nations que lorsque leurs Gouvernemens auront signé ce grand acte : si l'époque présente ne le voit consacrer, il faut désespérer du repos du monde.

CHAPITRE XI.

D'un changement amené par les lumières dans les idées des peuples, et des causes qui tempèrent l'état hostile des sociétés modernes.

Détruire ou envahir des États, subjuguer des nations, étoit chez d'anciens peuples le premier titre de gloire ; ils ne voyoient, ils ne sentoient l'amour de la patrie que dans la haine des autres peuples : tout respire dans leur histoire cette opinion, cette politique, ce sentiment. Ce sera une des belles époques de l'humanité et du droit des gens, quand les nations, inspirées par leur intérêt autant que par la justice, ne placeront plus l'amour de la gloire et de la patrie que dans la défense de leurs droits et de leur indépendance. Déja depuis longtemps l'opinion, mieux éclairée, s'élève de toutes les parties du monde policé pour consacrer cette heureuse révolution dans les idées des peuples modernes, qui sera aussi un des plus beaux triomphes de la véritable politique.

Heureusement il est encore une Providence qui tempère l'état que nous avons décrit, rétablit l'harmonie, veille à la conservation des peuples, les rapproche et les empêche de s'entre-détruire: ce sont le commerce, les arts et les sciences. Chefs des nations, protégez-les! c'est le plus bel acte du pouvoir; ils sont les plus forts liens des sociétés civilisées.

CHAPITRE XII.

Grand principe de prospérité, et intérêt des peuples.

Un homme de ce siècle a découvert une des causes de la grandeur, de la prospérité et de la stabilité des nations: cet homme est *Schmit*; cette cause est le *travail*, le premier et le plus lumineux principe de tout bon système d'économie politique. Que de biens découlent de ce principe! .... Le travail produit la richesse de l'État; la richesse produit la population, la force et le crédit public, qui créent à leur tour la puissance et la prépondérance.

Le travail est un des principaux ressorts des Empires modernes ; il a placé des territoires et des peuples du second ordre au premier rang : chose singulière ! ses effets ont suppléé quelquefois, dans l'existence des nations, à l'abcence et à la foiblesse des institutions. Cette conséquence n'est point un paradoxe. Les peuples libres de l'antiquité se soutenoient plus particulièrement par leurs institutions, qui leur inspiroient le mépris du travail ; les peuples de l'Europe, placés sur d'autres bases, conduits par d'autres idées, marchant vers un autre but, ne peuvent se soutenir aujourd'hui que par le travail, qui est pour eux la source de tout.

Il y a aujourd'hui pour toutes les nations un grand intérêt, c'est celui de leur prospérité et de leur repos ; toutes les fois qu'elles s'écartent de cet intérêt, c'est un signe certain qu'il y a un vice dans leur politique, un faux système dans le Gouvernement. L'ambition et l'amour des entreprises extraordinaires peuvent faire quelquefois de grandes nations ; elles ne font presque jamais des nations heureuses.

Mais comment peuvent-elles appeler et fixer dans leur sein cette prospérité et ce repos dont elles ont tant besoin ? c'est par l'exécution des grands principes de l'économie politique, dont la nature de cet écrit ne permet pas de développer ici les bases ; c'est de-là, c'est de leur administration intérieure que sortent l'influence et la force extérieure des nations : le législateur gouverne l'ensemble d'un État par son génie ; c'est par l'activité de ses travaux et par la surveillance de toutes les parties, qu'un administrateur habile peut élever un Empire à une grande prospérité.

CHAPITRE XIII.

Position particulière de quelques peuples.

Les causes que nous venons de décrire dans le cours de cet ouvrage, n'influent pas également sur tous les peuples. Leur action se perd, pour ainsi dire, à raison des distances. Hors d'elles sont les peuples isolés des autres par la politique ou la nature.

Moins de civilisation, mais plus d'indépendance; moins de chances pour s'élever à une grande fortune, mais moins de causes de destruction; moins d'ambition, mais plus de tranquillité et de durée : tels sont les élémens de l'existence politique de pareils peuples. Les révolutions y sont rares; les causes qui agitent ailleurs jusqu'au fond du peuple, n'en troublent pas même ici la surface. Il y a maintenant sur le globe, il y a eu dans l'antiquité, des nations placées dans cette position. La conquête seule peut les atteindre; elle peut changer leur situation, elle ne change jamais leurs mœurs.

Il n'en est pas ainsi des peuples que la fécondité du sol, la température, ou le hasard des événemens, ont rassemblés en grandes masses de population sur le même continent. Génie, civilisation, grandes passions politiques, changemens, tout se communique, tout influe.

C'est là que le philosophe et l'homme d'État peuvent se donner en grand le spectacle des choses humaines. Les bienfaits de la société civile s'y montrent à côté des infortunes de la vie politique.

C'est là qu'on aperçoit sur les corps de nations l'empreinte des législations, la force des diverses institutions, les traces profondes et sanglantes de l'ambition, l'empire des préjugés, le jeu terrible des préventions et des rivalités nationales, et le choc plus terrible encore des divers intérêts ; c'est là que se meuvent les causes variées de la progression, de la grandeur et de la décadence des États, les révolutions et les grands changemens de la politique, et que se réunissent pour agir en sens divers, les grandes influences et les lois auxquelles l'Auteur du monde physique paroît avoir soumis le monde politique. Telle est aujourd'hui l'Europe devenue le centre où se pèsent et se décident les intérêts des deux tiers du genre humain. Combien il importe que cette partie du globe soit un jour éclairée de tous les principes et de toutes les lumières de l'art social !

Par quel moyen les nations de l'Europe peuvent-elles conserver les élémens et les principes de la sociabilité ? C'est par la civilisation et l'opinion ; c'est à ces deux grandes influences que tout est soumis en dernière analyse.

CHAPITRE XIV.

De la civilisation.

Un grand pouvoir s'élève sur la terre et conduit les peuples non par les révolutions, mais par une douce influence, à l'immortalité ; la civilisation est la véritable ligne de démarcation entre les peuples. Ce que certains arts font sur les productions de la nature sauvage, la civilisation l'opère sur les peuples ; elle les polit, les embellit, les perfectionne ; elle naît, dans les hommes, de l'attrait et du besoin d'améliorer la vie sociale ; c'est à elle que les nations doivent l'éclat dont elles ont brillé ; la durée dont elles ont joui, mais elle ne s'est pas montrée à toutes également.

Ici, elle a commencé à éclairer quelques petits continens et quelques rivages, lorsque le reste du genre humain erroit en peuplades grossières et barbares ; ici, elle s'est arrêtée devant des déserts, des montagnes, de grands fleuves et des mers ; là, appelée par la voix du génie, précédée par le flambeau des sciences, ou portée par les arts du commerce et de la civilisation, par les grandes découvertes, elle a franchi les longues chaînes des monts, des pays déserts, et des mers, pour rassembler des peuples épars, et former en société de grandes masses de population.

Ici, elle a été étouffée par la superstition, détruite par les conquêtes; elle a fui épouvantée devant le despotisme.

Là, elle laisse dans les ténèbres, des climats et des peuples pour aller éclairer d'autres climats, d'autres peuples.

Elle ne reparoît plus dans les lieux où les Minos et les Thésée, où les Lycurgue et les Solon, dictèrent des lois aux humains et instituèrent des États.

Le génie de Penn, celui de Pierre premier l'ont fixée depuis deux siècles aux extrémités septentrionales des deux Mondes; le Tartare errant, le sauvage des bords de la Delaware, ont cédé à un pouvoir inconnu, et sont entrés pour la première fois dans la vie sociale.

La civilisation a fait le tour de la terre, pour le recommencer encore; c'est l'astre moral de l'univers. Philosophes, politiques, législateurs, cette vérité vous la trouverez écrite sur les débris des anciens Empires, sur les Empires qui s'élèvent.

CHAPITRE XV.

De l'opinion.

Il est une autre puissance parmi les hommes sans laquelle il n'y a point de véritable civilisation. Elle se compose de ce qu'il y a de plus beau, de plus grand, de plus utile dans l'état social ; hors de là elle n'est plus qu'erreur ou mensonge. On l'a appelée la reine du monde, parce qu'elle commande aux peuples et à leurs chefs ; elle n'appartient point à un homme, à un siècle, à une nation en particulier ; elle appartient à tous les siècles, c'est la conscience du genre humain.

Sortie des livres de Platon et du cœur d'Aristide, nourrie par les sublimes exemples de dévouement et de vertu des Phocion, des Thémistocles, des Épaminondas, elle enfanta dans la Grèce cet enthousiasme pour la patrie, ces vertus héroïques, ces belles actions, et cette foule de grands hommes qui couvrirent ce pays d'une gloire immortelle.

On la vit briser à Rome le sceptre des Tarquins, évoquer Brutus et la liberté, s'élever à côté du tribunal où cet inflexible consul condamna ses fils, honorer la charrue de Cincinnatus, la pauvreté de Fabricius, mouler les ames fières des Régulus, des Décius, et dicter aux Romains trois siècles de vertus républicaines et d'amour de la liberté.

Caton d'Utique et Marcus Tullius, l'un par sa mort héroïque, l'autre par ses impérissables écrits, s'efforcèrent en vain, au déclin de la République, de la rappeler dans Rome, et d'arrêter par elle l'asservissement et les maux de leur patrie.

La République n'étoit déja plus, l'ambition et l'anarchie s'en disputoient les restes : c'étoit l'époque de la liberté mourante, et les derniers Romains alloient s'ensevelir pour elle dans le champs de Philippe.

L'opinion n'existoit plus au temps où Tacite écrivoit contre les Tibère et les Néron. C'est en vain qu'il rappeloit aux Romains asservis les vertus de leurs ancêtres, qu'il leur peignoit la simplicité des mœurs dans les mœurs des Germains, l'héroïsme dans Germanicus, le désintéressement et la grandeur d'ame dans Agricola, l'horreur de la tyrannie dans Traséas.

Il n'y avoit plus d'opinion, il n'y avoit plus de patrie ; toutes les ames étoient éteintes dans la servitude ; le despotisme commandoit seul à la terre opprimée, et vingt siècles d'infortunes s'élevoient déja sur les générations.

Écrivains illustres dont le peuple français s'honore, il vous étoit réservé de venger l'injure de tant de siècles. Des tombeaux de Rome et de la Grèce, l'opinion, évoquée à votre voix, s'est montrée en souveraine à l'univers ; c'est vous dont l'éloquence a frappé tous ces préjugés et toutes ces institutions barbares, monumens de la servitude, aux pieds desquels l'ignorance avoit enchaîné les peuples abrutis ; c'est vous qui avez appelé les esprits à méditer sur la constitution des Empires, qui avez éclairé les nations sur leurs droits, leurs devoirs et leurs intérêts, qui avez armé la raison humaine contre tout ce qui étoit contraire au bonheur social. C'est en parcourant le monde, vos écrits à la main, que l'opinion a proclamé devant les peuples et leurs chefs les principes sacrés de la liberté et de la justice, sans lesquels il n'y a que désordres et malheurs sur la terre.

L'humanité que vous avez relevée, honorée, vous rend ici un hommage solennel !

Les vérités que vous avez enseignées, retentiront dans les siècles et parmi les nations pour recomposer cette opinion, plus imposante que jamais, si le temps ou les hommes parvenoient un jour à la corrompre ou à la détruire.

C'est au Gouvernement d'un peuple libre qu'il appartient de présider et diriger les révolutions de l'opinion, et de la garantir des atteintes de la corruption : c'est son devoir, c'est son intérêt. Deux grandes pensées doivent l'occuper : c'est dans ses mains que la nation a remis le dépôt et la garde des lumières, qui font l'appui et la force de l'opinion ; il en doit compte à la génération. La dépravation de l'opinion a toujours devancé la chute des Empires; son génie doit veiller sans cesse sur ce danger que lui retrace par-tout l'expérience ; c'est en s'élevant à tout ce qu'il y a de grand et de libéral sur la terre, qu'un Gouvernement éclairé est sûr de trouver toujours la véritable opinion, sa gloire et celle de la nation. C'est à cette hauteur que sont placés les ressorts qui doivent la diriger. On peut toujours rivaliser d'ambition, de richesses et de pouvoir, parvenir même à dominer ses rivaux ; il est beau, il est plus glorieux d'oser prétendre à la supériorité de vertu, et d'offrir aux regards de la postérité une nation consacrant la puissance de l'opinion à servir et à honorer l'humanité.

Nota. La guerre recommençoit entre deux grandes Puissances lorsque j'imprimois cet écrit : peut-être eût-il mieux valu le mettre au jour aux temps calmes et plus heureux de la paix, que le livrer à la réflexion des esprits, entraînés et agités par de nouveaux événemens : mais j'ai cru qu'attendre, pour publier quelques pensées, qu'il n'y ait plus de divisions parmi les peuples, c'est espérer en vain qu'il n'y ait plus de passions et d'intérêts en opposition sur la terre. Il est des vérités que l'on peut en tout temps offrir aux hommes, quand on a la conscience des intentions pures qui les ont dictées.

FIN.

TABLE DES CHAPITRES.

SECONDE PARTIE.

Fin de la Table.

BAUDOUIN, Imprimeur de l'Institut national.

Messidor an XI.

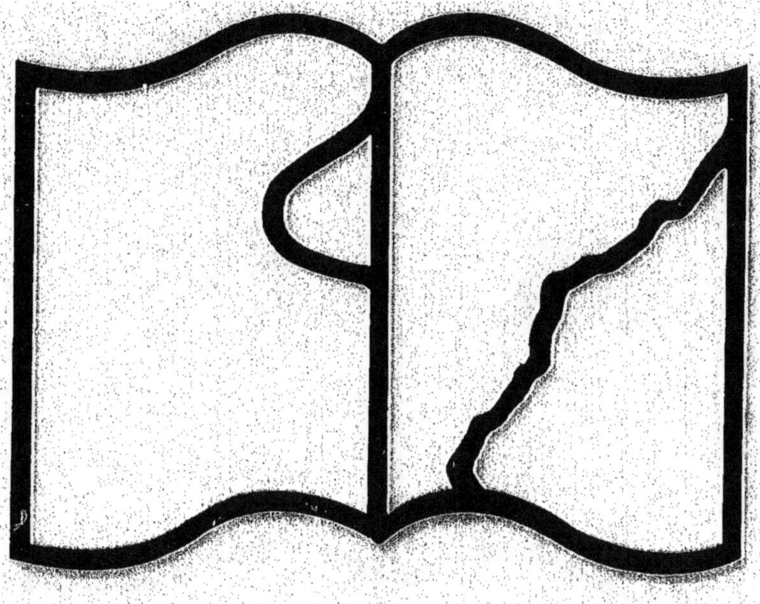

Texte détérioré — reliure défectueuse

NF Z 43-120-11

A
B

www.ingramcontent.com/pod-product-compliance
Lightning Source LLC
LaVergne TN
LVHW020436230826
846091LV00004B/1513
9782013542760